Herzlichen Dank an Susanne für die liebevolle Unterstützung

Gedichte die das Leben spiegeln

Mike Brand

Bibliografische Information der Deutschen Nationalbibliothek:
Die Deutsche Nationalbibliothek verzeichnet diese Publikation in der Deutschen Nationalbibliografie, detaillierte bibliografische Daten sind im Internet über http://dnb.dnb.de abrufbar

2. Auflage 2019
Erstausgabe 1996
Copyright © Mike Brand
Das Werk ist urheberrechtlich geschützt

Bilder
Pixabay

Textgestaltung und Illustrationen
Susanne Brand

Herstellung und Verlag
BoD – Books on Demand, Norderstedt, Germany

ISBN: 978-3-7412-3749-2

Über den Autor

Mike Brand ist 1960 in Basel geboren. Mit 23 Jahren wurde er selbständig und durchlief eine abwechslungsreiche berufliche Laufbahn in verschiedenen Branchen. In den letzten 18 Berufsjahren war er in der Wiedereingliederung von erwerbslosen Menschen tätig. Im Alter von 31 Jahren erlebte Mike in Asien ein spirituelles Ereignis, welches in ihm die Intuition beflügelte. Seither beschäftigt er sich mit überirdischen und geisteswissenschaftlichen Themen.

Die in diesem Buch aufgeführten Gedichte schrieb ich als 31-Jähriger im Jahr 1991 in einer rebellischen Lebensphase während einem einjährigen Aufenthalt auf einer kleinen idyllischen Insel im asiatischen Raum.

Durch viele Täler ging ich durch,
verspürte weder Angst noch Furcht.
Durch manche Tiefen trieb es mich,
geduldig langsam zurück zum Licht.

Diese Hoch- und Tiefepochen,
liessen mich von neuem hoffen.
Einige Male stand ich da,
vor einem Berge der so klar.
Ich blickte auf dessen Spitze,
und wusste dieser Weg hat viele Ritze.

Als ich den Pfad gegangen,
habe ich alles erst verstanden.
Neben meinem Wege den ich bin gegangen,
war noch ein anderer, fast unbefangen.

Er war mir nicht vertraut und eher klein,
ich erkannte ihn unten nicht in meinem Sein.
Oben aber wusste ich klar,
dieser andere Weg war wunderbar.
Er war nicht steil und doch führte er nach oben,
er war jedoch länger als der meinige
und die Zeit war verschoben.

Nun verspürte ich den grossen Kampf,
auf meinem benutzten Weg mit Dampf.

Ich stellte fest, dass ich nicht weise war,
denn unten wollte ich rasch nach oben,
das war mir damals klar.

Hätte ich den längeren Weg genommen,
so hätte ich keine Wunden auf
diesem bekommen.

Nicht der schnellste Weg muss der Beste sein,
genauso wie im nächsten Reim.

Die Letzten werden die Reifsten sein,
denn die Ersten wären nie so rein.

Schlage nie dein Kind ins Gesicht,
beachte lieber dieses Gedicht.

Es kann sein, dass dich dein Kind,
so richtig wütend auf die Palme bringt.
Dann kannst du es schlagen in dessen Gesicht,
total vertretbar aus deiner Sicht.
Deine Beherrschung ging vergessen,
das weiss das Kind, es ist ja nicht besessen.

Doch schlägst du es nun jedes Mal,
begibt es sich innerlich in ein tiefes Tal.
Davon wird es dir nichts erzählen,
und bei den Gesprächen auch nie erwähnen.
Wenn das Kind dann von zu Hause geht,
kommt die Quittung unversehrt.

Du bist nun reifer und ruhiger geworden,
doch die Erinnerungen gingen nicht verloren.
Du möchtest dein Kind jetzt um dich,
aber es wehrt sich und lässt dich im Stich.
Das wird dir wehtun und du erinnerst dich,
an die vielen Schläge in das Kindesgesicht.

Wenn du nun zornig bist,
mach keine Rechnung, denn die Quittung sticht.

Kerzenlicht,
das genügte nicht,
der Mensch wollte mehr Licht,
und zwar aus einer anderen Sicht.

Zuerst das Holz und dann das Wasser,
danach hatte der Mensch keinen Spass mehr.
Er kam zum Atom, nur so als Versuch,
man wusste ja von dessen Ruf.
Heimlich die Abfälle in das Meer,
und Niemandem sagen etwas mehr.

Das Licht war ein Geschäft, es wurde verdient,
in Tschernobyl damit sogar Menschen gekillt.

Nach dem Lauf von vielen Jahren,
ging man auf die Strassen in grossen Scharen.
Man wollte ein neues und reines Licht,
denn für die Zukunft war das Atom nicht.

Doch man konnte nicht mehr zurück
und es blieb nur der Hass,
auf diesen atomaren Spass.

Die Reichen denken sie sind reich,
weil sie Geld besitzen wie ein Scheich.

Und deshalb meinen sie sind mehr,
auserwählt aus diesem Heer.

Macht ausüben und befehlen,
mit der Angst, man könnte sie bestehlen.

Viel imponieren und vom Volke isolieren,
weil sie mit diesem sich nicht konfrontieren.

Wenn's dann mit ihnen zu Ende geht,
werden sie schwach im Krankenbett.

Wollen vergessen und verzeihen,
doch dann ist es zu spät um zu gedeihen.

So werden sie sterben und die Strafe wird sein,
im nächsten Leben reich und wieder allein.

Kennst du die Weltenpolitik,
mit dessen Maschen und dessen Tricks?
Da wird regiert und dort betrogen,
viel bestochen, ist das verlogen.

Und doch, sie wollen nur das Beste,
die Politiker in ihrer weissen Weste.
Sie sind gewählt des Volkes wegen,
und haben auch noch dessen Segen.

Wer so viel Macht hat und Vertrauen,
kann sich da schon was erlauben.
Und wenn's mal brennt im Parlament,
wirkt der Politiker ungehemmt.

Ein Schalter dort, ein Hebel hier,
vieles vertuschen, nur wegen der Gier.

Wenn du nun gehst in die Politik,
wende nicht an diese miesen Tricks.

Der starke Schweizer Franken,
kennt weltweit keine Schranken,
das hört man von den helvetischen Banken.

Krisensicher und stabil,
wie andere Währungen nicht so labil.

Das Schweizervolk stimmt dem bei,
die Schweiz ist klein, dafür aber rein.

Und so werden wir eines Tages belehrt,
durch einen Franken der nicht mehr viel wert.

Analysen decken dann auf,
warum der Frankenwert ging nicht mehr rauf.

Die Geldwäscherei war an allem schuld,
deshalb der starke Frankenschwund.

Ich hörte Lügen hätten kurze Beine und schaute mich um, nun weiss ich warum.

Das alte Regierungshaus hat viele Treppen,
schon damals schaute man für diese Netten.
Die Treppen wurden über die Jahre stumpf,
und die Beine der Netten sind an Länge geschrumpft.

Da die Relationen nun nicht mehr stimmen,
muss etwas geschehen mit diesen Dingen.
Die Beine zu verlängern, das ist nicht richtig,
das Prestige der Netten ist viel zu wichtig.

Jetzt baut man ein neues Regierungshaus,
hochmodern und voller Kraus.
Leider weiss man noch nicht genau,
die Beinlänge für das Treppenmass beim Bau.

Das ist so schwierig und deshalb so kratzig,
nun hörte ich die neuste Taktik.

Das neue Regierungsgebäude hat nur Lifte und keine Treppen,
die Zeit passt sich an, an unsere Netten.

Du suchst Arbeit, mit lautem Gestöhn,
es hat vieles frei, das ist doch schön.

Im Sozialen hätte ich dir eine Stelle,
das Gehalt liegt aber unter der Schwelle.

Ach ja, ich habe es vergessen,
du willst ja verdienen wie besessen.

Einen Mechaniker-Job habe ich auch frei,
aha, das ist dir ja zu wenig rein.

In der Werbung wäre noch was offen,
da sagst du mir, du seist doch nicht besoffen.

Nun verstehe ich, du willst verdienen,
und dabei nicht gleich krepieren.

Da habe ich einen Job der sticht,
der Berufspolitiker ist was für dich.

Ich war stolz und unversehrt,
stets der Beste und auch begehrt.
Geld floss in grossen Mengen,
ich verkörperte keinen armen Bengel.
Geduld war für mich ein Fremdwort,
ich handelte immer an Stelle und Ort.

Gott den kannte ich schon,
doch ohne Glauben und mit Hohn.
Was für mich zählte hier auf Erden,
war Geld, Macht und nicht das Sterben.
Für das setzte ich mich ein,
ich wollte oben der Beste sein.

Doch Gottes Kraft war stärker als ich,
er liess mich für eine Zeit im Stich.
Da war ich alleine und ohne Saft,
Gott verliess mich mit seiner Kraft.

Nun sah ich erst was ich wirklich war,
ohne Gottes Stärke überhaupt nicht klar.
Ich verlor das Geld, ich verlor die Macht,
und war plötzlich auch noch ohne Kraft.

Heute bin ich glücklich ohne Macht und Geld,
weil für mich nun Gottes Liebe zählt.

Du meinst ich hätte dich betrogen,
was weisst du schon von meinen Sorgen.

Du betitelst dich als meinen Knecht,
gekämpft hast du aber nie für dessen Recht.

Du sagtest ich hätte dich seelisch missbraucht,
vergiss nicht, du wolltest alles verkauft.

Du fühltest dich unverstanden,
dein Grund, bei einem anderen zu landen.

Du wirfst mir vor, ich hätte dein Geld verspielt,
du warst dabei als man mich geschäftlich gekillt.

Jetzt kannst du auch noch hassen,
dass jeder weiss, du willst nicht spassen.

Es gibt Menschen die das nicht so sehen,
denen kann man sagen, so ist eben das Leben.

Da gehst du deinen Lebensweg,
schau nicht nach rechts, mach niemals kehrt.
Schau nie nach links und nie nach oben,
sonst holt man dich runter, in die heissen Kohlen.

Nach unten schauen das ist erlaubt,
auch wenn's dich fröstelt und friert kalt.

Diejenigen die diese Gesetze erkoren,
wussten wieso sie darauf schworen.
Denn wenn du stark und mächtig wärst,
bist du eine Gefahr und diese schmerzt.

So wirst auch du den Weg auswählen,
bei dem sie dir keinen Widerstand gewähren.
Dann bist du kein Thema und keine Gefahr,
und sie lassen dich in Ruhe in deinem Gewahr.

Doch manchmal vielleicht, da hast du verlangen,
nach neuen Gesetzen und anderen Strangen.
Vielleicht wirst du kämpfen, nachdem erlangen,
was in dir stark ruft nach Verlangen.

Und wenn du erreichst hast was du gewollt,
denk an die Fehler und an das Volk.

Wer weiss schon was von deinem Leben,
dieses Geheimnis wirst nur du erleben.

Und kennst du noch so viele Menschen,
dein inneres Ich wirst du nie verschenken.
Du bist alleine in dich gekehrt,
das hast du lange genug gelernt.

Doch ab und zu bist du sehr offen,
leider nur wenn du bist besoffen.
In diesem Zustand bist du dein Ich,
frei von der Seele für das dich.

Doch schon der nächste Tag danach,
bereust du das was du da warst.
Das Echo wird kommen, ganz bestimmt,
man schlägt gerne einen Helden in den Wind.

So wird man warten bist du bist nüchtern,
damit man dich wieder kann einschüchtern.
Und du wirst glauben was man dir sagt,
schliesslich gibt man dir nur guten Rat.

Wer weiss schon was von deinem Leben,
dieses Geheimnis wirst nur du erleben.

Das Auto ist ein Statussymbol,
das weiss doch heute jedes Idol.

Schau was sie mit uns jetzt machen,
sie nehmen uns die letzten Sachen.

Tempolimiten und Stoppsignal,
hemmen den Druck auf das Gaspedal.

Hindernis und hohe Busse,
schmälern die Freude an dieser Musse.

Jetzt reden sie von Fahrverbot,
wenn das wahr wird, oh mein Gott.

Was wollen wir dann mit unserer Freizeit machen,
es hängt doch so viel an diesen Autosachen.

Wie sollen wir dann unser Leben gestalten,
so ohne Auto nicht auszuhalten.

Warum können sie nicht verstehen,
dass wir in der Freizeit gerne
Kilometer verzehren.

Willst du in die Ferien reisen,
und weisst noch nicht wie das Ziel soll heissen?
Fahr einfach los,
bis das Benzin dem Wagen gibt den letzten Stoss.

Befindest du dich dann auf einer Autobahn,
park auf dem Pannenstreifen, das ist kein Wahn.
Zum Campen hat es genügend Platz,
auch beim Essen hast du auf diesem Streifen
einen tollen Schmatz.

Es ist nie langweilig und immer was los,
nimm ab und zu deine Frau auf den Schoss.

Zusammen könnt ihr dann die Raser zählen,
und dabei die schönsten Autos auserwählen.
Ihr könnt Verkehrsstatistik führen,
und die grössten Laster auserküren.

Wenn dann die Köpfe schmerzen vor Lärm,
wird es langsam an der Zeit zu gähn.

Diese Ferien sind nicht umsonst geblieben,
nächstes Jahr willst du sicher nach Mallorca fliegen.

Hast du deine Steuern bereits beglichen?
Wenn nicht, lass es richten.

Die Steuerrechnung, zahl sie nicht,
so läuft der Staat in kürze dicht.
Zahl jeden Monat nur ein Euro,
so können sie dich auch nie feuro.
Wer fragt dich schon, wenn der Tode naht,
hast du deine Steuern alle bezahlt.

Stell dir vor, das machen alle so,
das Volk wäre reich und jeder froh.
Die Strassen würden privatisiert,
die Ordnungsdienste subventioniert.
Soziale gäbe es keine mehr,
denn alle hätten ja genügend Klee.

Die Regierung wäre nicht mehr da,
weil alle Löhne nur noch rar.
Ein Land ohne Führung und ganz allein,
das wäre zu schaffen, wie ein Verein.

Nun liegt es an dir, möchtest du das?
Wenn ja, so beginne den ganzen Spass.

Der sportliche Mann,
fährt mit dem Velo, wo er kann.

Der Kluge,
bewältigt die Strecke mit dem Zuge.

Der Kämpfer,
nimmt das Solarmobil und fühlt sich als Stänker.

Die zukunftsorientierten Lieben,
erledigen die Distanz mit Fliegen.

Der neue Mensch lernt wieder laufen,
denn nach dem Knall gibt's nichts mehr zu kaufen.

Der eine kann weinen, dafür nicht lachen,
so stellt er sich immer zu weinenden Sachen.

Der andere kann lachen, jedoch nicht weinen,
auch er hat den Platz unter den Seinen.

Wenn sich nun die Beiden treffen,
bemühen sie sich, dies schnell zu vergessen.

Der Weinende sah sein Spiegelbild,
der Lachende auch, deshalb ging es geschwind.

Willst du ein neues Auto kaufen,
kein Problem, es gibt einen Haufen.

Schau auf die Leistung und den Luxusstand,
es geht schliesslich nicht nur um dein Gehalt.

Das Prestige ist nämlich sehr wichtig,
und für das holst du einen Kredit, ist doch richtig.

Was soll es den schon,
von deinem Gehalt gehen 500 €. weg davon.

Auch wenn die Nachbarn dich hinterfragen,
wirst du diese Bürde freudvoll tragen.

Und wenn du denkst, dies alles ist wichtig,
dann lebst du weder glücklich noch einsichtig.

Unser Atomwaffen-Arsenal,
auf dieser Welt ist dimensional.

Jedes grössere Land,
hat diese Waffe in der Hand.

Des Prestige wegen,
kann diese Waffe Unglück bescheren.

Die Atombombe auf Erden,
ist gemacht für das Menschensterben.

Gleich sechsundzwanzig Mal,
jagt man mit dem vorhandenen Arsenal,
die Erde in das All.

Wir sind nun etwas klüger geworden,
und bauen ab die Bomben-Sorgen.

Sechsundzwanzig mal sterben ist etwas betrübt,
einmal sterben das genügt.

Heute wird alles abgelegt,
auf eine höchstmögliche Rentabilität.

Entscheidend ist nur was Geld einbringt,
denn ohne Geld sind wir gekillt.

So sprechen die Bilanzen,
nur von verflossenen Finanzen.

Vertuschen dabei die Wirklichkeit,
vom Ende unserer Herrlichkeit.

Der Rest ist kurz gedichtet,
wir werden des Geldes wegen vernichtet.

Für dich der richtige Weg im Leben,
ist der, auf dem du stabil kannst gehen.

Jeder hat seinen eigenen Weg,
auf dem er meistens vorwärts geht.

Manchmal kommt ein dunkles Licht,
dann hast du neue Wege in Sicht.

Es kommt auch vor,
dass dein Weg beendet ist, einfach so.

Dann läufst du zurück,
und wählst ein anderes Weges Glück.

Manchmal ist es steil und dann wieder eben,
du kannst nicht wählen, es ist dir vorgegeben.

Du wirst viel sehen und kannst viel lernen,
auf deinem Weg – beim Vorwärtsgehen.

Das Weges-Gefälle kommt wie es muss,
als Dessert, zu deinem Lebensschluss.

Wunderschöne Welt von Morgen,
wir warten sehnlichst in tiefen Sorgen,
auf bessere Zeiten,
obschon wir uns streiten,
wann und wo der Anfang ist,
der tief in unser Herzen sticht.

Wir fühlen sehnlichst und doch noch so weit,
ein Leben in Wärme und ohne Streit.

Mit Geduld werden wir erwarten,
den Start zu liebevollen Taten.

Nicht mehr lange wird es gehen,
und dann wirst auch du verstehen,
nur die Liebe zählt im Leben,
es ist ein Nehmen und ein Geben.

Zarte Gefühle, lass es zu,
es öffnet in dir die innere Ruh.

Der Keim in dir fängt an zu spriessen,
gewaltige Kräfte beginnen zu fliessen.

Liebe, Wärme und Geduld,
tief aus dir gibst du das kund.

Wir leben das Leben in vielen Belangen,
leider nicht immer nach dem Seelenverlangen.

Es kommt der Tag, es wird so werden,
du wirst uns verlassen von unseren Erden.

Bereits mit der Geburt ist dir gegeben,
nach erfülltem Leben dann zu sterben.

Obschon du diesen Tag verdrängst,
kommt er näher und wirkt unlängst.

Die Zeit ist praktisch vorgegeben,
habe Mut und füll das Leben.

All das was du durchgelebt,
ist erledigt und wird gekehrt.
Alles was du kneifst im Leben,
wird dir auferlegt nach deinem Sterben.

Die verdrängten Aufgaben nun,
musst du alle im nächsten Leben tun.
Aufgeschrieben in einem Buch,
sind die Versäumnisse wie ein Fluch.

Bis zu deinem Endziel wirst du streben,
die unerfüllten Sachen auszuleben.

Diese Aufgabe kannst du nun nehmen,
damit sie erledigt ist bei deinem Sterben.

Die materiellen Werte sind uns wichtig,
für die Geistigen sind wir nicht so sichtig.

Schon früh opfern wir unser Licht,
für kalte Werte und falsche Sicht.

Verlassen und einsam stehen wir da,
und empfinden es als einfach klar.

Die Weite des Weges erkennen wir nicht,
wir leben ja leider ohne Licht.

Geht es uns schlecht, so rufen wir laut,
dass jeder erkennt den unsicheren Halt.

Wir stürzen uns auf unsere Leiden,
damit wir sie mit anderen teilen.

Gleiches zu Gleichem so steht geschrieben,
das Licht jedoch bleibt uns so vertrieben.

Die Letzten werden die Ersten sein,
denn die Ersten wären nie so rein.

Die Reinheit wächst mit dem Verstand,
die Weisheit gibt dir dazu die Hand.

Liebe bedeutet das Grundgesetz,
denn Liebe ist das, was dich verletzt.

Die Schmerzen reifen an dir heran,
du gleitest empor wie ein Lichtesstrahl.

Öffne die Augen und lasse dich gehen,
so wirst du dich und die Welt anders sehen.

Dein Mitmensch kannst du nun lieben,
so wird das Böse in ihm vertrieben.

Du wirst es spüren am eigenen Leib,
alles Geben von dir das keimt.

So kannst du beruhigt in die Zukunft gehen,
die Liebe im Leben wirst du dann sehen.

Gerechtigkeit in dieser Welt,
was ist das schon, ist es das was zählt?

Wir sind nicht blind, wir wissen es schon,
Gerechtigkeit benutzen wir als Lohn.

Bist du brav und fügst du dich,
schaut man dir freundlich ins Gesicht.

Bist du nett und hilfsbereit,
bekommst du den Orden der Gerechtigkeit.

Wer ist denn nun die Gerechtigkeit?
Wer zählt sich zu deren Zugehörigkeit?

Das Gesetz erledigt dieses Tun,
es ermächtigt sich mit dessen Ruhm.

Was weiss die Gerechtigkeit von dir,
wenn du nicht siehst die vier als vier.

Lernen, lernen immer mehr,
wann haben wir genug, wann machen wir kehr.

Immer höher, immer weiter,
und das alles wie ein schwungvoller Reiter.

Mehr Reichtum und mehr Geld,
ist es wirklich das was zählt?

Vermögen beruhigt und Geld macht mächtig,
so lebt sich das Leben angenehm prächtig.

In unserem innersten wissen wir es,
es ist nicht das was zählt, es ist was anderes.

Dabei verfrieren unsere Herzen,
innerlich haben wir oftmals Schmerzen.

Ein bisschen Wärme nur,
doch es ist wie ein heimlicher Schwur.

Wärme geben und Nachsicht zeigen,
das wird man dir nur schwer verzeihen.

Denn auf unserem, diesem Weg,
ist leider nur die Macht die zählt.

Leben heisst geboren werden,
oder fängt das Leben an beim Sterben?

Um zu sterben müssen wir leben,
denn Leben kommt erst nach dem Sterben.

Wieso das Sterben vor dem Leben,
wir leben doch um es zu sterben?

Je nach Kreislauf und der Sicht,
sehen wir das aus einem anderen Licht.

Leben und Sterben ist da zum Lernen,
dies steht geschrieben in den Sternen.

Hundert Leben braucht man nur,
um zu leben die Lebensuhr.

Neunzig Leben hast du schon,
beim hundertsten schwebst du davon.

Die letzten zehn hast du begonnen,
kaum begriffen, schon zerronnen.

Hetz dich nicht ins Leben rein,
denn so verlierst du den Lebensschein.

Entwickle dich und glaube mir,
mit dem hundertsten bist du bei mir.

Vielleicht liegen wir im Leben,
stetig einfach etwas daneben.

Vieles deutet darauf hin,
erreichen wir so das gesteckte Ziel?

Immer wieder fallen wir zurück,
trotz der Hilfe des stetigen Glücks.

Da es Anderen auch so geht,
tröstet dies uns auf unserem Weg.

So akzeptieren wir das tiefe Fallen,
ohne uns zu halten an unseren Krallen.

Der Weg nach oben, das wissen wir,
ist das grösste Glück auf Erden hier.

Liebe, was heisst das schon,
es ist nur ein Wort und wirkt so fromm.

Liebe, was fühlen wir in uns,
unbeschreiblich wie die Kunst.

Liebe, was macht sie mit mir,
mein Verstand wirkt wie ein Tier.

Liebe, was löst dich denn aus,
unendliches suchen in einem Haus.

Liebe, was wird dich zerstören,
tiefer Hass kann sich erhören.

Liebe, ich liebe dich,
bleib bei mir und lieb auch mich.

Glückliche Zeiten bringen uns wenig,
so werden wir nie seelisch selig.

Uns fehlt die Einsicht in dieser Zeit,
denn Glück bringt nur die Heiterkeit.

Unser grösstes Glück ist nun,
dass die kosmischen Gesetze niemals ruhn.

So kommen wieder andere Zeiten,
mit tiefen Gefühlen auf denen wir reiten.

Bitte also sagen wir nie,
des Glückes wegen sind wir hier.

Jede Sache ist beseelt,
ob Mensch, Tier oder Welt.

Jeder Gedanke ist gedacht,
und bleibt bestehen, bis er erbracht.

Jede Handlung überlebt im Raum,
manchmal wie ein böser Traum.

Deshalb merke Dir,
handle nie aus reiner Gier.

Wenn zwei sich finden, einfach so,
mitten im eigenen Lebenstor.
Dann spielt der Zufall nicht verrückt,
für Beide gibt es kein zurück.

Die Gefühle sind jetzt aktiviert,
der Lebensplan wird nie dementiert.
Glück und Pech sind nah beieinander,
in diesem Falle nun füreinander.

So lebt man den gemeinsamen Zeitraum,
als ein zusammengeschmolzener Saum.

Wenn nun der Lebenspfad,
vom Partner geht in ein neues Rad,
so verliert sich die Einheit mit dem Ziel,
getrennt zu werden durch ein Kiel.

Sind wir bereit für diesen Schritt,
den anderen zu lassen auf seinem Trip?
So erleben wir ein neues Gefühl,
loslassen heisst nicht verlieren in diesem Gewühl.

Gewinner gibt's keinen auf diesem Pfad,
akzeptieren wir also das Lebensrad.

Wo hast du das gelernt,
was dich ewig so bekehrt.
Das Ziel in deinem Leben ist,
zu sammeln möglichst viel Besitz.

Du kannst nur richtig glücklich sein,
wenn dein Besitz sich vermehrt im Reim.

Dein Partner gehört zu dir,
du hast ihn angebunden wie ein Stier.
Wenn ein Fremder deinem Hause naht,
kommt die Angst, du hast es ja bezahlt.

Dein Geld liegt sicher auf der Bank,
vergrössert sich und füllt deinen Tank.
Hast du Land, musst Du nur warten,
der Besitz vermehrt sich in lukrative Karten.

Doch dein Besitzesdrang,
packt dich irgendwann beim Lebensstrang.
Mit diesem kosmischen Gesetz,
verknotest du dich in einem Netz.

Die Sucht nach immer mehr,
nimmt dann unerwartet kehr.
Denn alles was du willst behalten,
wirst du verlieren und dabei erkalten.

Es gibt Menschen, welche wissen,
dass nur mit Macht das Geld wird fliessen.

Es gibt Menschen, welche spüren,
dass andere mit dem Glück nur üben.

Es gibt Menschen, welche das Vertrauen,
mit dem Gesellschaftssystem aufbauen.

Herrschaft, Geld und Macht,
die Sucht aus der dunklen Nacht.

In diese sind wir so verfallen,
dass uns die Nacht nun mag gefallen.

Doch nun ist die Zeit gekommen,
da werden die Nachtgelüste langsam zerronnen.

Das Siegel bricht nun wie ein Schwur,
es steht vor der Tür und pocht wie stur.

Wir, die meinen wir hätten alles im Griff,
erkennen nun in uns das Gift.

Nur ist die Zeit zur Reinigung klein,
was nützt dir schon ein stolzes Heim,
wenn Morgen kommt die Wasserflut,
und räumt das Gift aus jeder Nut.

Kehre um so rasch es geht,
und vernichte das Gift, solange du noch stehst.

In der Zukunft kommst du nicht mehr dazu,
das zu erledigen mit überlegter Ruh.

Erkennst du den Weg im trübsamen Nebel,
dann lösen sich die Fänge von deinem Knebel.

Was bin ich denn morgen,
ich habe so viele Sorgen.

Wer bin ich denn heute,
ich kenn so viele Leute.

Was war ich noch gestern,
umgarnt von vielen Schwestern.

Die Zeit zerrinnt und wird zur Qual,
denn sie lässt mir doch nur wenig Wahl,
um das zu sein, was ich mir wünschte,
und zu Leben ohne Künste.

Für das zu Sein was andere wollen,
bin ich auch einer von den Tollen,
die meinen man sei besser dran,
wenn man mit den anderen ziehen kann.

So verliert sich die Persönlichkeit,
in der Menschenmenge mit der Zeit.

Ich erkenne mich nun,
in der Masse als Masse im Tun.

Doch wenn ich mal überheblich bin,
zieht mich die Masse wieder zur Masse hin.

Und wenn ich fliehe, holt sie mich ein,
denn die Masse ist grösser als nur klein.

Wenn ich bei ihr bin, fühl ich mich kalt,
denn die Masse gibt mir nur wenig halt.

Wenn ich sie brauche, macht sie sich rar,
brauch ich sie nicht, dann steht sie da.

Was für Welten sind das den nun,
die verkehrtes verkehrt können tun.

Ich weiss nicht was ich will,
meine Fragen versinken in mir still.
Ich weiss nicht wohin ich soll,
in mir wirkt ein starker Groll.

Ich suche meine innere Stimme,
plötzlich ertönt sie in mir, wie eine Hymne.
Darf ich ihr trauen, weiss sie Bescheid?
Ich rufe dich, die Stimme der Eitelkeit.

Stark kommt sie durch, ich höre sie gut:
"Hallo, ich bin hier, wie wohl du mir tust.
Hör zu, ich bin dein Engel,
und meine es gut mit dir, du Bengel."

Ich bin wie benommen,
diese Stimme klingt so verschwommen.

"Du hast drei Wege vor dir,
und fragst mich, welcher ist für das jetzt und hier.
Es gibt nur den einen, welcher dich glücklich macht,
der Weg mit Geld und sehr viel Macht."

"Du hast drei Frauen für deinen Weg,
nimm die, welche dir am meisten trägt."
"Achte dabei auf deine Begierden,
du musst diese leben, mit deinen Trieben.

Nur über diese Frau erreichst du das Ziel,
nimm sie und sei eine Zeitlang still."

Ich liege ganz ruhig da,
mein Herz in mir pocht so klar.
Nun habe ich eine Antwort erhalten,
diese war eindeutig und ohne Enthalten.

Und doch, da stimmte etwas nicht,
so redet kein Engel mit viel Licht.
Ich wusste welche Frau es war,
für meine Triebe, das war klar.

Und deshalb traue ich der Stimme nicht,
eine Liebe mit Hieben, das sticht.
Auch der Engel kommt mir seltsam vor,
ein befehlender Engel am Himmelstor?

So seltsam dies auch klingen mag,
Liebe gibt viel aber drängt nicht nach.

Deshalb wusste ich nun,
Satans Stimme war nicht stumm.
Er gab sich als Engel und meinte wohl,
überzeugend zu sein in seinem Ton.

Doch umso lauter die Stimme,
desto klarer mein Wille.

Ich horche noch einmal in mich hinein,
und höre eine andere Stimme, herzlich und rein.

"Es ist schön, dass du kommst,
ich dachte schon, du verfällst deinem Stolz.
Diese drei Wege sind bestimmt,
als deine Prüfung, schon seit Kind."

"Du darfst denjenigen wählen,
auf den dein Leben sich kann zählen.
Es gibt zwar keinen bestimmten Weg,
der eine ist besser, der andere schlechter und der letzte Verderb."

"Doch mit deinem inneren Gefühl,
wählst du den Besten in diesem Gewühl.
Deshalb hat es keinen Sinn,
wenn ich dir sage, was ich will."

"Ich hoffe einfach für dich,
dass du den nimmst mit dem hellsten Licht.

Wenn du mir vertraust,
wirkt mein Rat für dich wie ein Hauch."

Diese Stimme der Vernunft,
wirkt auf mich wie moderne Kunst.

Inspiriert von dieser Art,
beschliesse ich nun einen neuen Start.
Zwei Wege lies ich liegen,
der dritte Weg war ohne Trieben.

Jahre später erhob ich Bilanz,
und erkannte, damals war ich ohne Glanz.

Macht und Geld was heisst das schon,
vernetzte Vergänglichkeit mit sehr viel Hohn.
Körperliche Begierden, was soll denn das,
mit der Zeit verliert sich dieser Spass.

Doch echte Liebe macht da Kehr,
mit der Zeit gibt sie immer mehr.
Sie wächst mit jedem Tage an,
Jahre nun schon, ohne Drang.

Und das ist es, was nun so zählt,
in meinem Leben, weil es hält.

Es gibt zwar auch Zeiten,
in welchen wir uns manchmal streiten.
Dann ruf ich tief in mich hinein,
und warte bis ich hör, die Stimme rein.

Sie hilft mir dann und ohne Schmoll,
aus meinem blockierten inneren Groll.

Heute weiss ich mehr davon,
denn ich vertrau der Stimme schon.
So gab sie mir so manchen Typ,
auf meinem heissen Lebenstrip.

Manchmal geht's mit mir dann durch,
und ich frage sie mit Furcht.
Ob sie mir die Zahlen gebe,
von einem Lottogewinn, bevor ich sterbe.

Die Antwort ist dann radikal:
"Du hast Millionen Wege frei zur Wahl."

Ich ging allein am Ufer entlang,
da sah ich einen alten Mann.

Er sass auf einer holzigen Bank,
ich grüsste, er stellte sich vor mit dem Namen Franz.

Seit neunzig Jahren lebe er hier,
und habe viel gesehen als Mensch und Tier.

Vielleicht war es das Alter, ich wusste es nicht,
er verwechselte ständig das Tier mit sich.

Eine Zeitlang hörte ich geduldig zu,
doch irgendwann verfloss meine Ruh.

Fragend sah ich ihn an,
und wischte mein Haar mit einem Kamm:

"Lieber Opa, ich bin zwar noch jung,
und weiss, das Tier und der Mensch sind nicht dumm."

"Doch sage mir doch endlich nun,
wo siehst du den Zusammenhang zwischen
Mensch und Huhn?"

Er schaute mich an und senkte den Blick,
ich wusste, er weiss, meine Frage war ein Trick.

Er hob seinen Kopf und nahm meinen Kamm, dabei holte er Luft und fing nun an:

"Ein Ei ohne Huhn, wie sollte sich das tun,
das Huhn braucht das Ei wie das Ei das Huhn."

"Das Ei wie das Huhn sind zwar zweierlei,
doch das eine ohne das andere ist keinerlei."

Ich konnte nicht folgen, ich war zu erstaunt,
diese Aussage kam nun wie vertraut.

"Junger Mann, begreifst du nun,
was Menschen so in manchem tun."

"Das Huhn frisst nie das eigene Ei,
es weiss um dessen wertvollen Keim."

Wieder einmal schmerzt es mich,
tief in der Brust, einfach für dich.

Wieder einmal bin ich soweit,
und frage mich in dieser Zeit.
Will ich das wirklich, weil ich das habe,
unendliches Warten auf bessere Tage.

Du tust mir weh,
tief in mir verschmilzt der Schnee.

Nur keine Eifersucht,
sonst schlägt es dich noch in die Flucht.
Nur kein Besitzanspruch,
es bindet mich wie ein böser Fluch.

Ich möchte weg und doch bleib ich da,
schaue zu und mach mich rar.

Ich will nicht leiden und leide doch,
was kommt denn alles auf mich noch.
Wieso und warum das frag ich nun,
mein Verstand will auch nichts tun.

Alles ist und bleibt blockiert,
vom Gefühl her wie schockiert.
So lass ich mich treiben und lass es zu,
dass ich mich fixiere auf dein du.

Doch eines Tages bin ich bereit,
den Schritt zu wagen, welcher mich heilt.

Ich weiss, dass ich dann glücklich bin,
es gibt sie schon in meinem Sinn.
Auf diesen Tag hin lebe ich,
und vergesse dabei den Alltag nicht.

Auf einmal steht sie dann da,
unerwartet, hell und einzigartig rar.

Weit weg auf dem noch dunklen Pfad,
sehe ich einen hellen Schein im goldenen Rad.

Mit jedem Tage kommt er näher,
und wird mit jeder Stunde wärmer.
Ich spüre bereits die Zeit,
welche mich mit diesem Schein vereint.

Und diesen Glauben brauch ich nun,
um zu überleben das jetzige Tun.

Tief im Schatten der Dunkelheit,
find ich den Weg in die Helligkeit.
So schätze ich auch diese Zeit,
in der dunklen und kalten Einsamkeit.

Es gibt Momente im Leben,
da möchten wir Lasten heben,
aus früheren Zeiten,
auf denen wir noch reiten.

Viele Wunden heilen nur,
wenn wir machen eine Kur.
Wenn wir in die Narben stechen,
und dann von den Schmerzen lechzen,
erkennen wir, wie verletzt wir sind,
und das schon lange, seit wir Kind.

Es gibt Momente im Leben,
da möchten wir noch vor dem Sterben,
mit unserem Ich ins Reine kommen,
und diese Zeit wirkt wie benommen.

Wir erfühlen dann,
in unserer Seele einen Klang,
nach der Vergebung und der Einsicht,
nach Rücksicht und Nachsicht.

Dieses Erleben macht uns Weiser,
wir werden ruhiger und auch leiser.
Wir anerkennen nun,
dass wir mit unserem Tun,
andere Seelen verletzen werden,
wenn wir unser Ego leben.

Die einen mögen's kalt,
andere lieber heiss.

Die einen essen Fleisch,
andere lieber Reis.

Die einen sind arm,
andere lieber reich.

Die einen baden im Fluss,
andere lieber im Teich.

Vielleicht verstehen wir nun,
warum nicht alle das gleiche tun.